Impressum
Verlag: BABADADA GmbH, Nedderfeld 112 , 22529 Hamburg
Geschäftsführer / Verlagsleitung: Harald Hof
Druck: Books on Demand GmbH, In de Tarpen 42, 22848 Norderstedt

Imprint
Publisher: BABADADA GmbH, Nedderfeld 112 , 22529 Hamburg, Germany
Managing Director / Publishing direction: Harald Hof
Print: Books on Demand GmbH, In de Tarpen 42, 22848 Norderstedt, Germany

ikigo c' amashure

школа

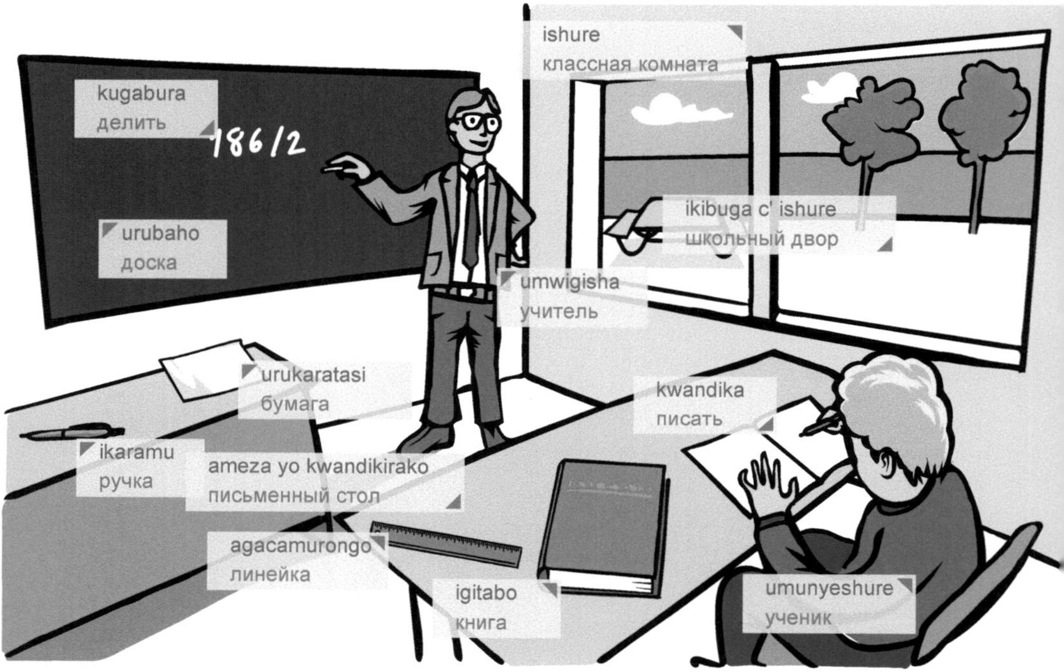
ishure
классная комната
kugabura
делить
186/2
urubaho
доска
ikibuga c' ishure
школьный двор
umwigisha
учитель
urukaratasi
бумага
kwandika
писать
ikaramu
ручка
ameza yo kwandikirako
письменный стол
agacamurongo
линейка
igitabo
книга
umunyeshure
ученик

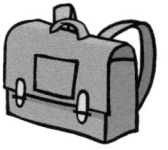

isakoshi y'' ishure

ранец

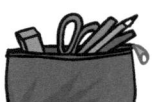

agasaho k' amakaramu

пенал

ikaramu y igiti

карандаш

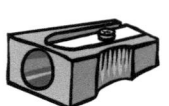

agasongozo k ikaramu y igiti

точилка

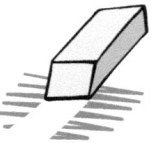

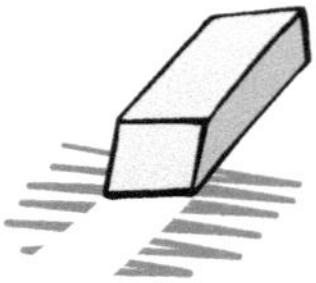

igome

ластик

ikaye yo gucapamwo

альбом для рисования

igicapo

рисунок

ikaramu bacapisha irangi

кисточка

agasandugu kamabara

коробка красок

imikasi

ножницы

kore

клей

ikaye y' imyimenyerezo

тетрадь

imyimenyerezo yo muhira

домашняя работа

igiharuro

цифра

guteranya

прибавлять

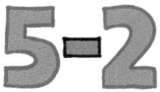

gukuramwo

вычитать

kugwiza

умножать

guharura

считать

urudome

буква

indome

алфавит

hello

ijambo

слово

igisomwa

текст

gusoma

читать

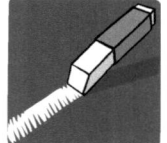

ingwa

мел

icigwa

урок

igitabo c' ishure

классный журнал

ikibazo

экзамен

impamyabushobozi

диплом

impuzu y' ishure

школьная форма

kwiga

образование

kazinduzi

энциклопедия

kaminuza

университет

mikorosikopi

микроскоп

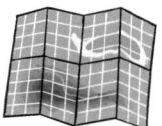

ikarata

карта

agaseke bajugunyamo
amakaratasi

корзина для бумаг

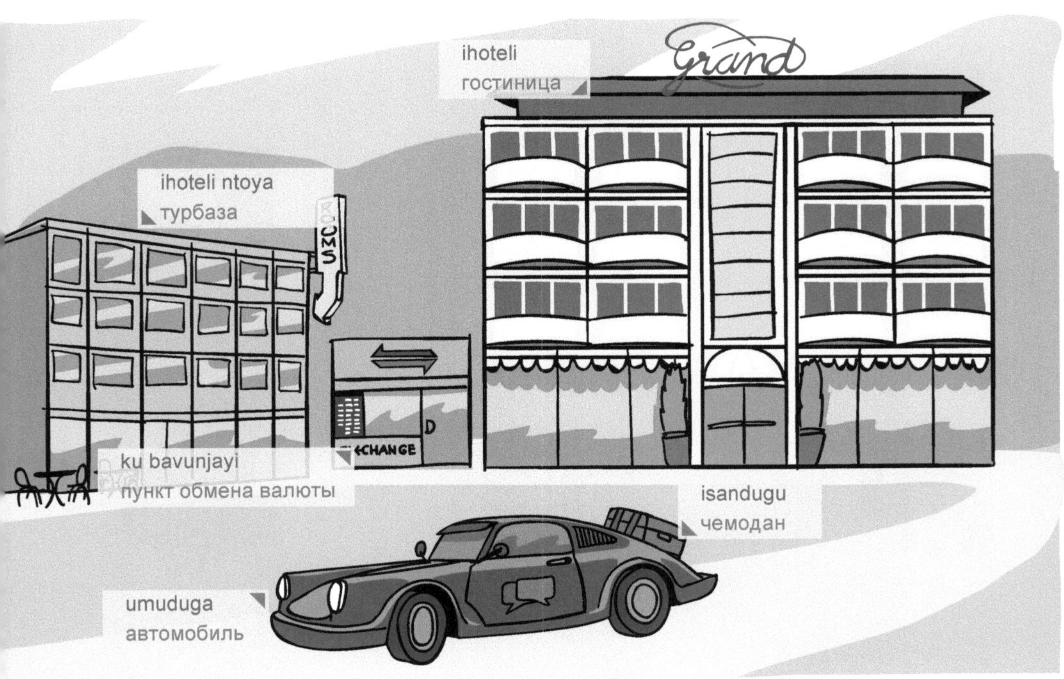

ihoteli
гостиница
Grand
ihoteli ntoya
турбаза
ROOMS
EXCHANGE
ku bavunjayi
пункт обмена валюты
isandugu
чемодан
umuduga
автомобиль

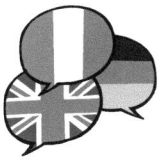

ururimi

язык

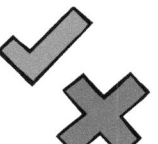

ego / oya

да / нет

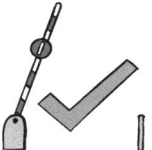

ego

хорошо

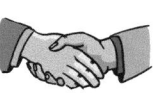

amahoro!

Привет

umuntu asigura

переводчик

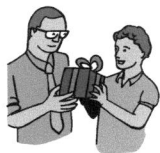

ndashimye

Спасибо

ni angahe?

Сколько стоит…?

sindabitahura

Я не понимаю

ingorane

проблема

mwiriwe!

Добрый вечер!

mwaramutse

Доброе утро!

ijoro ryiza!

Доброй ночи!

nakagaruka

До свидания

inzira

направление

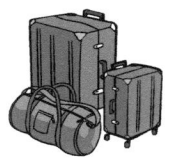

imizigo

багаж

igapo

сумка

isaho baheka mu mugongo

рюкзак

umushitsi

гость

icumba

комната

umufuko wo kuraramo mu rugendo

спальный мешок

ihema

палатка

kumenyesha ingenzi

туристическая
информация

ku musenyi

пляж

ikarata y' amahera

кредитная карточка

ifunguro rya mugatondo

завтрак

ifunguro ryo ku murango

обед

ifunguro ry 'ijoro

ужин

itike

билет

ingazi y' umuyagankuba

лифт

umukono

почтовая марка

umupaka

граница

duwane

таможня

ubuserukizi bw' igihugu

посольство

viza

виза

pasiporo

паспорт

gutwara abantu n' ibintu

транспорт

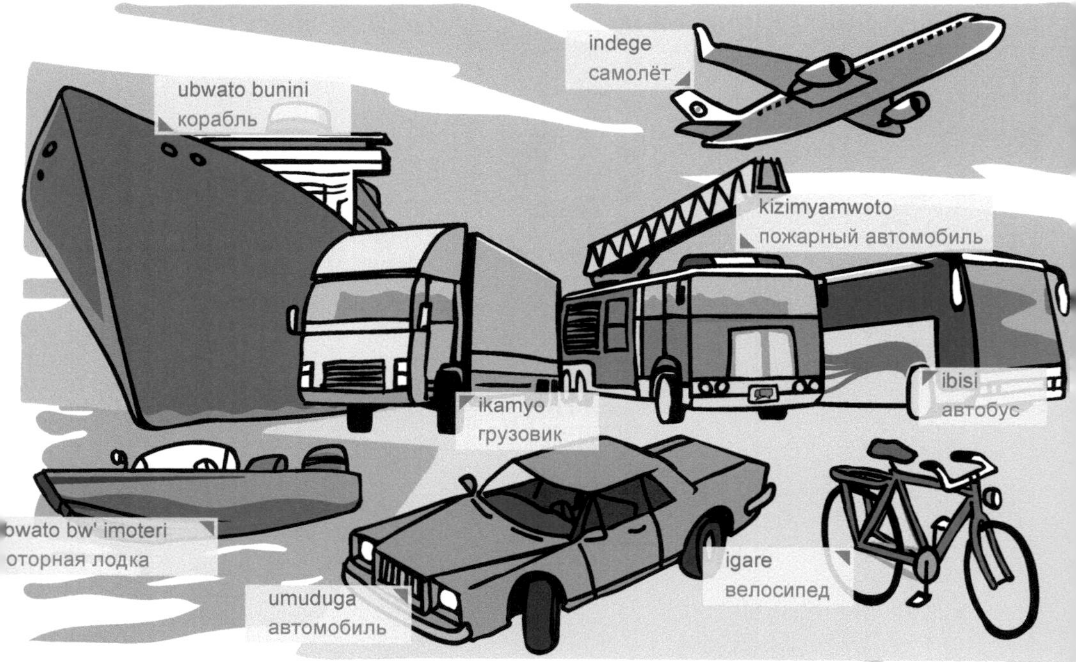
indege
самолёт
ubwato bunini
корабль
kizimyamwoto
пожарный автомобиль
ibisi
автобус
ikamyo
грузовик
bwato bw' imoteri
оторная лодка
igare
велосипед
umuduga
автомобиль

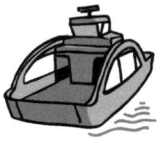

ubwato bunini

паром

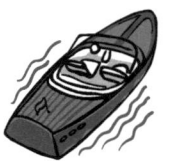

ubwato

лодка

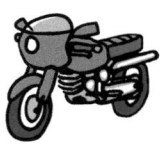

ipikipiki

мотоцикл

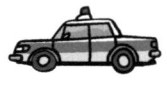

umuduga w' igipolisi

полицейский автомобиль

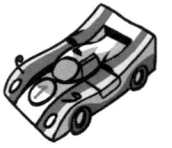

umuduga wa kuruse

гоночный автомобиль

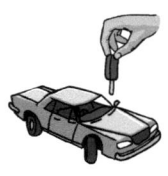

umuduga bakodesha

арендованный автомобиль

gukoresha imodoka imwe muri benshi

совместное пользование автомобилями

uruduga ruheka izindi

буксировочный автомобиль

umuduga utwara umucafu

мусоровоз

imoteri

двигатель

igitoro

топливо

ubunywero bw'ibitoro

заправка

ibirango vyo ku mabarabara

дорожный знак

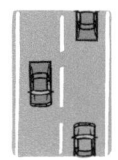

uruja n' uruza

движение

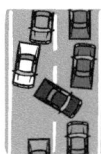

akajagari k' imiduga mw' ibarabara

пробка

igituro c' imiduga

автостоянка

igituro ca gari ya moshi

вокзал

ibarabara rya gari ya moshi

рельсы

gari ya moshi

поезд

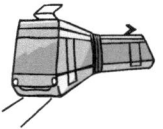

gari ya moshi bita tram

трамвай

igipande ca gari ya moshi

вагон

kajugujugu

вертолёт

ikibuga c' indege

аэропорт

umunara

вышка

ingenzi

пассажир

konteneri

контейнер

ikarato

коробка

isharete

тележка

icibo

корзина

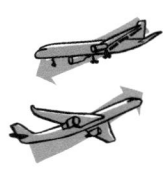

kuguruka / kugwa

взлетать / приземляться

igisagara

город

umutumba

деревня

hagati mu gisagara

центр города

inzu

дом

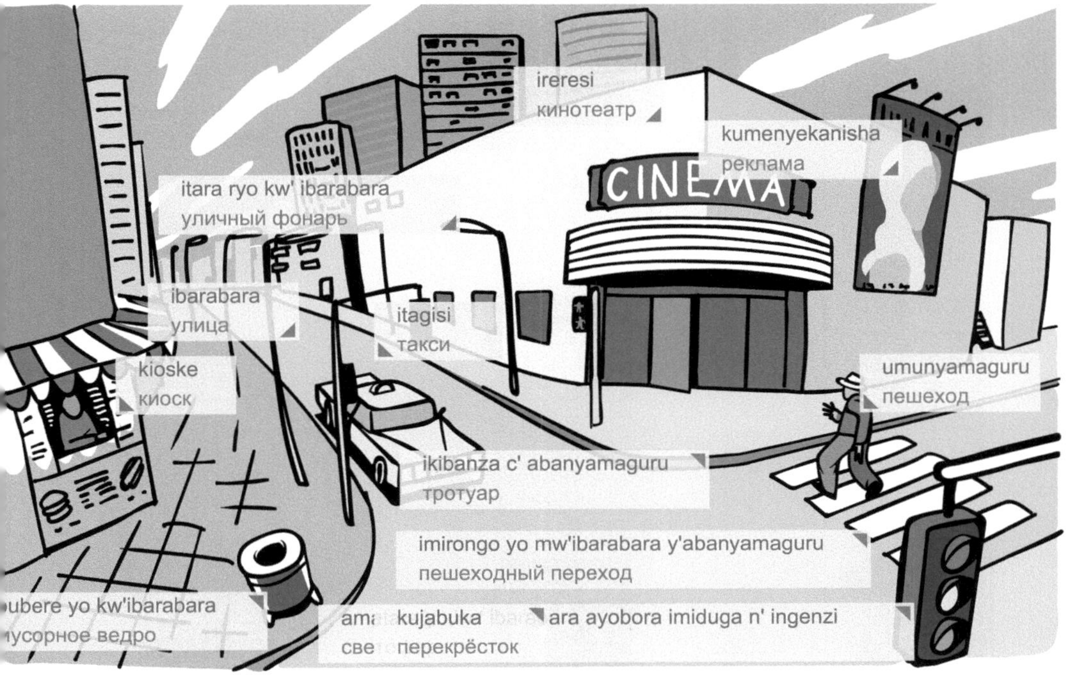

ireresi
кинотеатр

kumenyekanisha
реклама

itara ryo kw' ibarabara
уличный фонарь

ibarabara
улица

itagisi
такси

kioske
киоск

umunyamaguru
пешеход

ikibanza c' abanyamaguru
тротуар

imirongo yo mw'ibarabara y'abanyamaguru
пешеходный переход

ubere yo kw'ibarabara
мусорное ведро

ama kujabuka ara ayobora imiduga n' ingenzi
све перекрёсток

akazu k' ikirundi

хижина

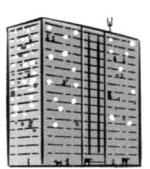

aparitema

квартира

igituro ca gari ya moshi

вокзал

meri

ратуша

iratiro ry' ivyakera

музей

ikigo c' amashure

школа

kaminuza

университет

ibanki

банк

ibitaro

больница

ihoteli

гостиница

farumasi

аптека

ibiro

офис

aho badandaza ibitabo

книжный магазин

akaduka

магазин

umudandaza w'amashugwe

цветочный магазин

supermarshe

супермаркет

isoko

рынок

iduka

универмаг

umudandaza w' amafi

торговец рыбой

ihuriro ry'amaduka

торговый центр

ikivuko

порт

ikibanza batemberamwo

парк

intebe ndende

скамейка

ikiraro

мост

ingazi

лестница

gari ya moshi bita métro

метро

ibarara ry' indani y' isi

тоннель

igituro c' amabisi

автобусная остановка

ubunywero

бар

resitora

ресторан

ahaja amakete

почтовый ящик

ikirango co kw' ibarabara

табличка с названием
улицы

isaha yo ku gituro c'
imiduga

паркометр

iratiro ry' ibikoko

зоопарк

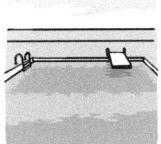

pisine

бассейн

umusigiti

мечеть

ubwororero

ферма

konona ibidukikije

загрязнение окружающей среды

akaburi

кладбище

kw'isengero

церковь

ikibuga

детская площадка

inyubako za kera bita temple

храм

imisozi

ландшафт

ikibabi
лист

ivyapa
дорожный указатель

inzira
дорога

ubwatsi bita gazon
луг

ibuye
камень

umuntu atembera kure n' amaguru
путешественник

igiti
дерево

uruzi
река

ubwatsi
трава

ishugwe
цветок

ikiyaya

долина

umusozi

гора

ikiyaga

озеро

ishamba

лес

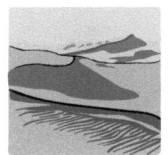

ubugaragwa

пустыня

ikirunga

вулкан

ishato

замок

umunywamazi

радуга

ikizinu

гриб

ikigazi

пальма

umubu

комар

isazi

муха

urutozi

муравей

uruyuki

пчела

igitangurigwa

паук

agakoko gato bita
coléoptère

жук

igikere

лягушка

agakoko bita écureuil

белка

ikinyogote

еж

urukwavu

заяц

igihuna

сова

inyoni

птица

imbata

лебедь

ingurube y' ishamba

кабан

idubu

олень

igikoko bita élan

лось

urugomero

плотина

icuma gitanga
umuyagankuba

ветряной генератор

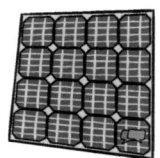

ikimuri c' imishwarara

солнечная батарея

igihe

климат

resitora

ресторан

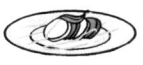

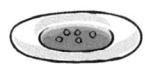

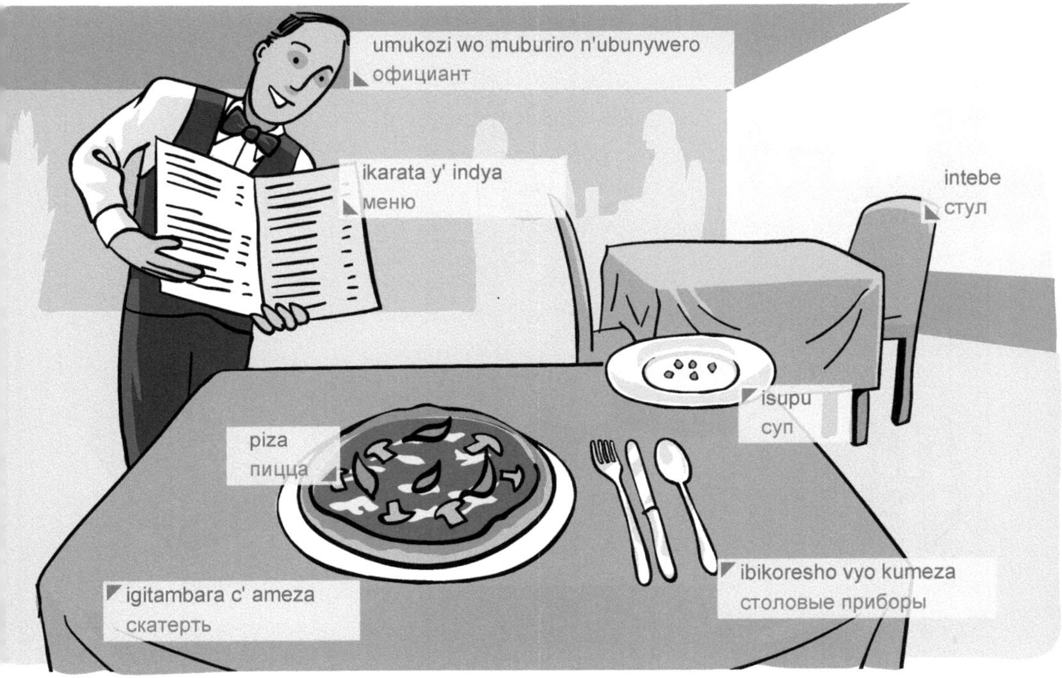
umukozi wo muburiro n'ubunywero
официант
ikarata y' indya
меню
intebe
стул
isupu
суп
piza
пицца
ibikoresho vyo kumeza
столовые приборы
igitambara c' ameza
скатерть

indya y' ibanze
....
закуска

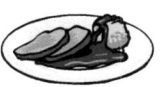

indya nkuru
....
главное блюдо

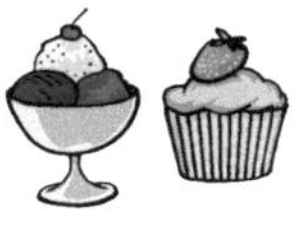

deseri
....
десерт

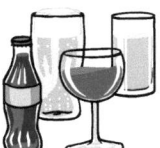

inyobwa
....
напитки

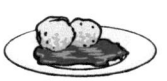

infungugwa
....
еда

icupa
....
бутылка

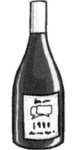

infungugwa batekanye
ingoga

фастфуд

Infungugwa barya bagenda

уличная еда

ibirika y' icayi

чайник

agakopo k' isukari

сахарница

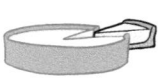

igipande c' indya

порция

imachini ikora espresso

кофеварка

intebe ndende

детский стульчик

inyemazabuguzi

счет

ako batwarako infungugwa

поднос

imbugita yo kumeza

нож

ikanya

вилка

ikiyiko

ложка

akayiko k' icayi

чайная ложка

seriviyeti

салфетка

ikirahuri

стакан

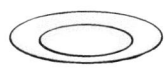

isahani

тарелка

isahani y' isupu

суповая тарелка

isutasi

блюдце

isosi

соус

akanyanyagiza umunyu ku ndya

солонка

agasya ipiripiri

мельница для перца

vinaigre

уксус

amavuta

масло

indyoshandya

специи

kecapu

кетчуп

mutaride

горчица

mayoneze

майонез

supermarshe
супермаркет

ivyagabanyijwe igiciro
специальное предложение
FOR
umuguzi
покупатель
ibiva ku mata
молочные продукты
icamwa
фрукты
agakinga ko mw' iduka
тележка для покупок

BUTCHERS

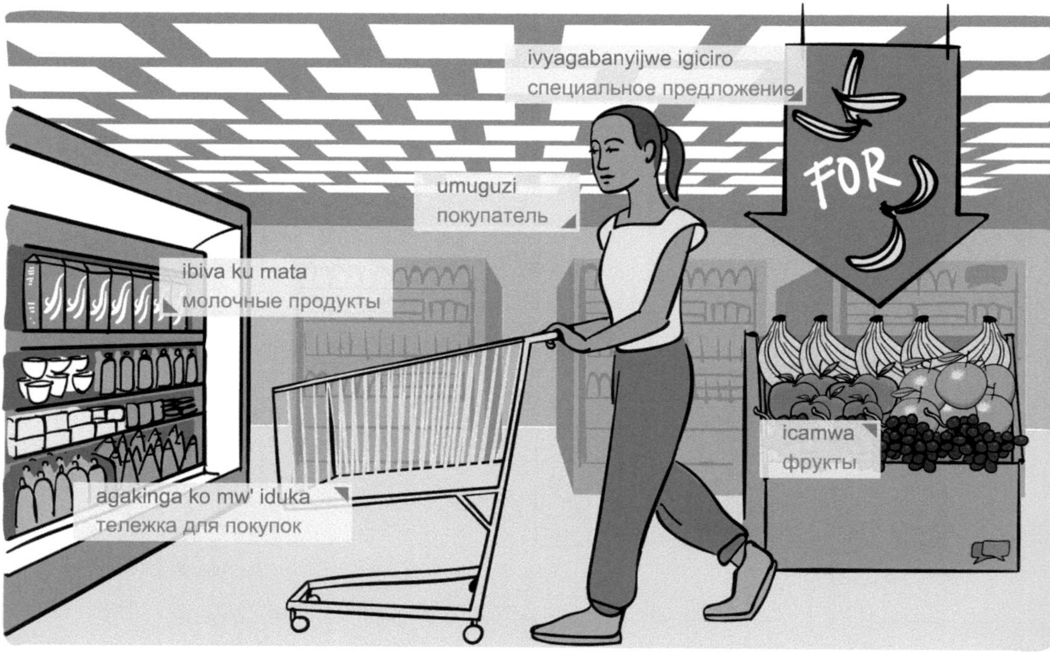

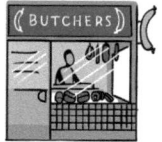

amacuniro

мясной магазин

BAKERY

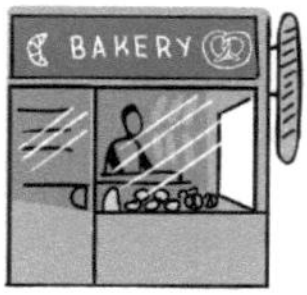

iburangeri

пекарня

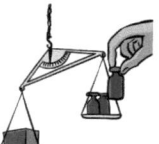

gupima

взвешивать

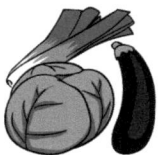

imboga

овощи

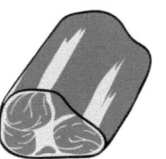

inyama

мясо

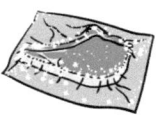

Imfungurwa zikanye cane

быстрозамороженные продукты

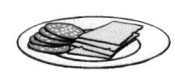

nfungugwa bita charcuterie en tranches

нарезка

amafunguro yo mu mabwate

консервы

isabune yo kumesura

стиральный порошок

ibisosa

сладости

ibikoresho vyo muhira

предмет домашнего обихода

ibikoresho vy'isuku

моющее средство

umudandaza

продавщица

kese

касса

umuntu yakira amahera

кассир

urutonde rw' ibidandazwa

список покупок

amasaha yo kugurura

время работы

ingodomoni

бумажник

ikarata y' amahera

кредитная карточка

isakoshe

сумка

ishakoshe ya parastike

полиэтиленовый пакет

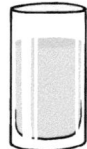

amazi

вода

umutobe

сок

amata

молоко

koka

кока-кола

umuvinyo

вино

ikiyeri

пиво

inzoga

алкоголь

kakao

какао

icayi

чай

ikawa

кофе

ikawa yitwa espresso

эспрессо

ikawa yitwa kapucino

капучино

umuhwi

банан

ipome

яблоко

umucungwe

апельсин

icamwa bita melon

арбуз

indimu

лимон

ikaroti

морковь

igitungurusumu

чеснок

umugano

бамбук

igitunguru

лук

ikizinu

гриб

ibiyoba

орехи

amakaroni

лапша

spagetti

спагетти

umuceri

рис

isarade

салат

ifiriti

картофель фри

ifiriti

жареный картофель

piza

пицца

hamburugere

гамбургер

sandwich

сэндвич

infungugwa bita escalope

шницель

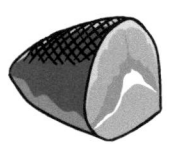

jambo

ветчина

salami

салями

isosiso

колбаса

inyama y' inkoko

курица

umusoso

жаркое

ifi

рыба

infungugwa bita flocons d'
avoine

овсяные хлопья

imfungugwa bita müsli

мюсли

infungugwa bita corn -
flakes

кукурузные хлопья

ifarini

мука

umukate bita croissant

круассан

umukate muto

булочка

umukate

хлеб

umukate bashusha

тост

ibisuguti

печенье

amavuta

масло

iforomaji yera

творог

igato

пирог

irigi

яйцо

amafunguro bita oeuf au
plat

яичница

iformaji

сыр

infungugwa bita crème
glacée

мороженое

isukari

сахар

ubuki

мёд

ikonfitire

мармелад

imfungugwa bita praliné

крем с нугой

infungugwa bita curry

карри

ubwororero

ферма

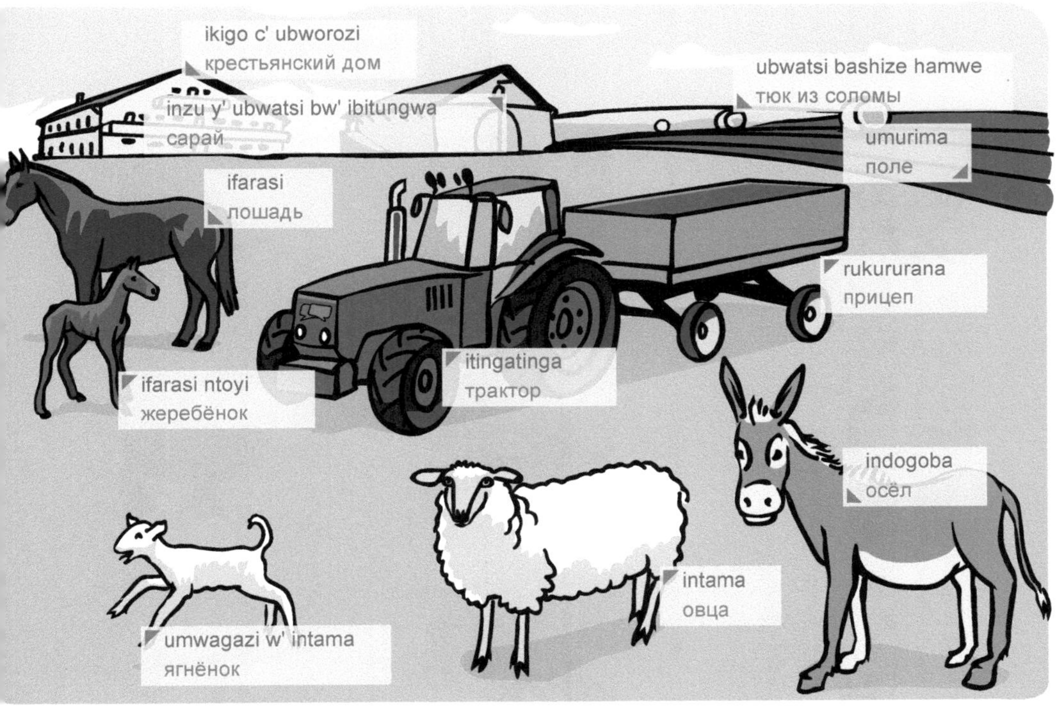

ikigo c' ubworozi
крестьянский дом
ubwatsi bashize hamwe
тюк из соломы
inzu y' ubwatsi bw' ibitungwa
сарай
umurima
поле
ifarasi
лошадь
rukururana
прицеп
itingatinga
трактор
ifarasi ntoyi
жеребёнок
indogoba
осёл
intama
овца
umwagazi w' intama
ягнёнок

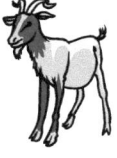

impene

коза

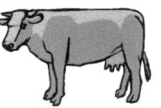

inka

корова

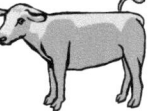

inyana

телёнок

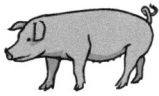

ingurube

свинья

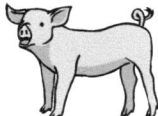

ikibuguru

поросёнок

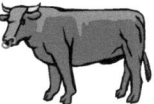

impfizi

бык

inyoni yitwa oie

гусь

imbata

утка

umuswi

цыплёнок

inkokokazi

курица

isake

петух

imbeba nini

крыса

akayabu

кошка

imbeba

мышь

ishuri

вол

imbwa

собака

umusaka w'imbwa

конура

umuringoti wo kuvomerera
umurima

садовый шланг

ico bakoresha basukira
amashurwe

лейка

urukero

коса

majagu

плуг

umuhoro

серп

isuka

мотыга

ikinyanyagiza ibitabizo irya n'ino

навозные вилы

ishoka

топор

inkorofani

тачка

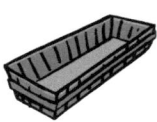

ubwato

корыто

icansi

бидон для молока

umufuko

мешок

urugo

забор

indaro y' ibitungwa

хлев

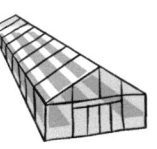

utuzu bashusha kugirango ibimera birimwo bikure

теплица

isi

почва

imbuto

посев

ifumbire

удобрение

imashini yimbura

комбайн

kwimbura

собирать урожай

umwimbu

урожай

infungugwa bita igname

ямс

ingano

пшеница

isoya

соя

ikiraya

картофель

ikigori

кукуруза

ubwoko bw' ingano bita
colza

рапс

igiti c' ivyamwa

фруктовое дерево

imyumbati

маниок

ibinyantete

злаки

inzira y' umwotsi
дымоход

igisenge
крыша

umureko
водосточный желоб

idirisha
окно

igarage
гараж

ikengeri
звонок

umuryango
дверь

igiseke c' umucafu
мусорное ведро

agasandugu k'amakete
почтовый ящик

umurima
сад

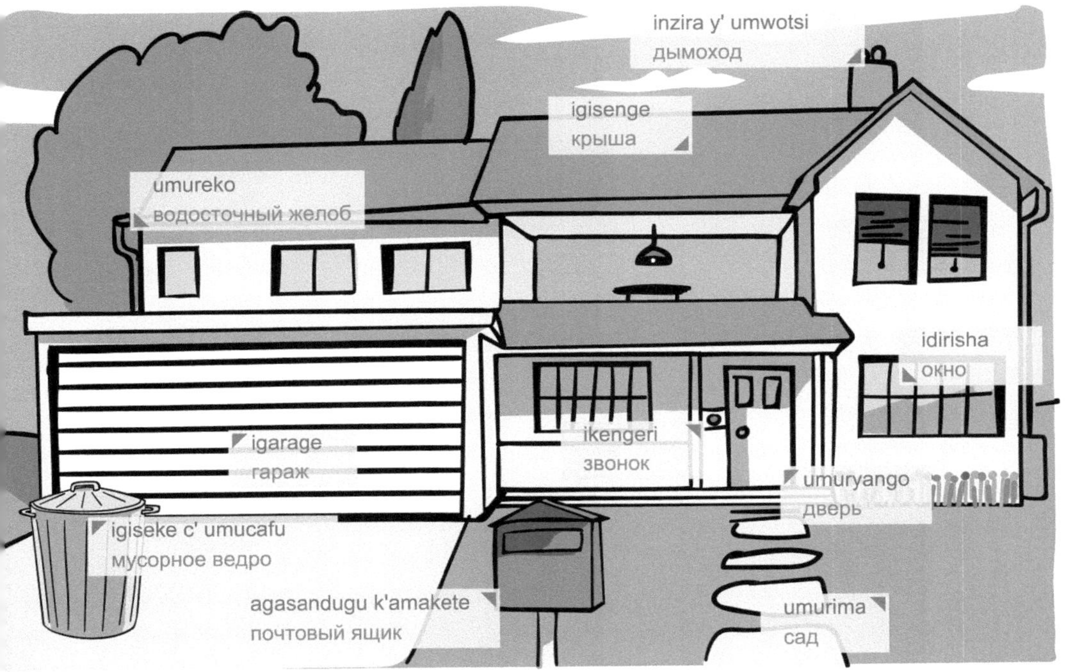

isaro

гостиная

ubwogero

ванная комната

igikoni

кухня

icumba co kuraramo

спальня

icumba c' umwana

детская комната

uburiro

столовая

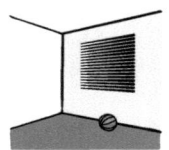

hasi

пол

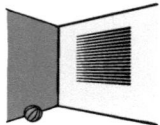

uruhome

стена

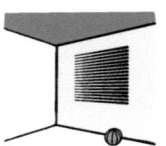

igisenge c' inzu

потолок

kave

подвал

sauna

сауна

ibaraza

балкон

ibaraza

терраса

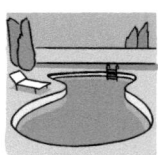

aho bogera

бассейн

itondezi

газонокосилка

igikaratasi

пододеяльник

uburengeti

покрывало

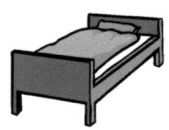

uburiri

кровать

umweyerezo

метла

indobo

ведро

akabuto

выключатель

гостиная

igisharizo
обои

isanamu
рисунок

itara
лампа

akabati
полка

akabati
шкаф

igicaniro
камин

imboneshakure
телевизор

ishugwe
цветок

umusagamiro
подушка

ifoteyi
диван

ivaze
ваза

terekomande
пульт дистанционного управления

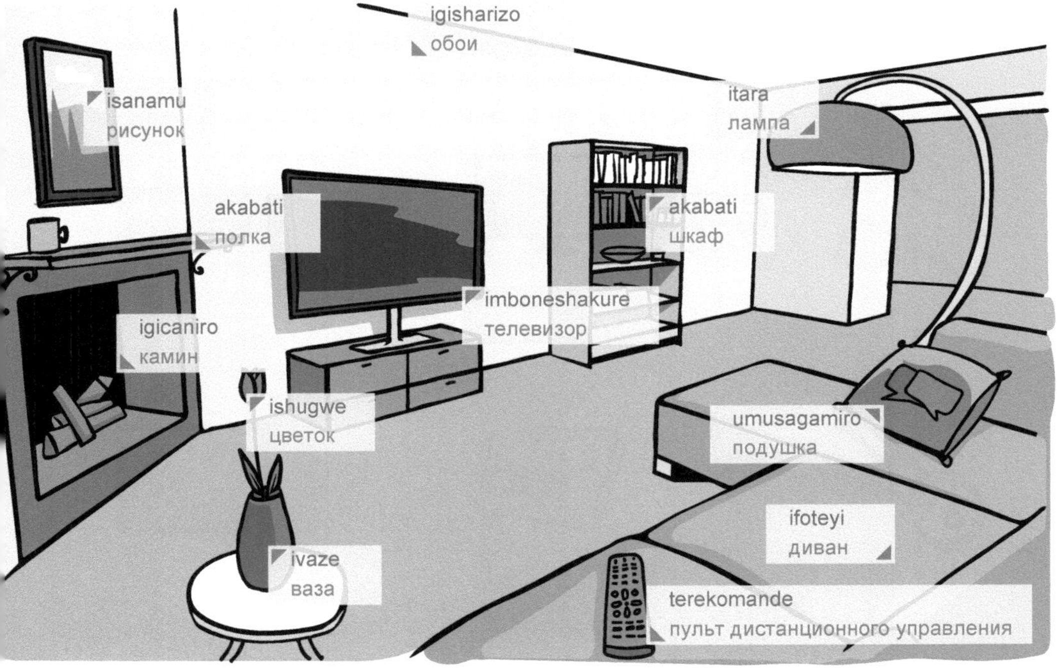

itapi

ковёр

irido

штора

ameza

стол

intebe

стул

intebe icundera

кресло-качалка

ifoteyi

кресло

igitabo

книга

ikirengeti

покрывало

ibitako

украшение

inkwi

дрова

ireresi

фильм

ivyuma vy' umuziki

стереосистема

urufunguruzo

ключ

ikinyamakuru

газета

gusiga amarangi

картина

isanamu nini

плакат

insamirizi

радио

ikaye ndangaminsi

блокнот

asipirateri

пылесос

icimera bita cactus

кактус

ibuji

свеча

igikoni

кухня

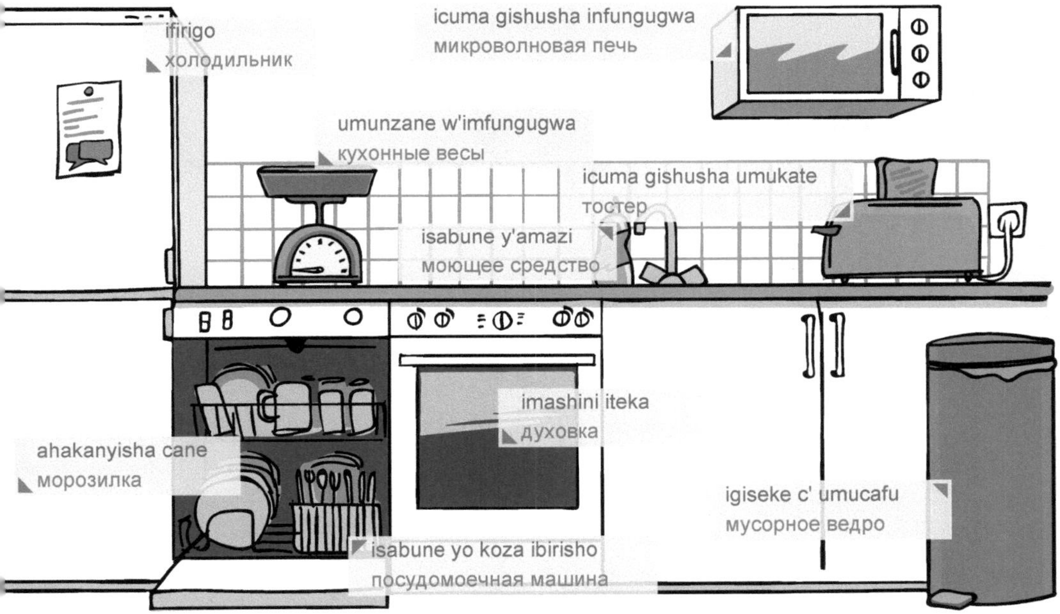

ifirigo
холодильник
icuma gishusha infungugwa
микроволновая печь
umunzane w'imfungugwa
кухонные весы
icuma gishusha umukate
тостер
isabune y'amazi
моющее средство
imashini iteka
духовка
ahakanyisha cane
морозилка
igiseke c' umucafu
мусорное ведро
isabune yo koza ibirisho
посудомоечная машина

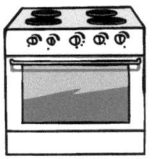

ishiga

плита

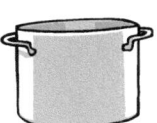

isafuriya

кастрюля

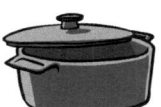

isafuriya y' icuma

чугунный котелок

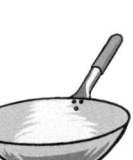

ipanu bita wok

вок / кадай

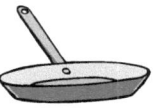

ipanu

сковорода

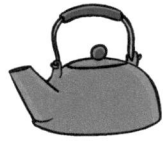

akuma gashusha amazi

чайник

isafuriya itekesha umuhisha

пароварка

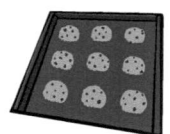

ico bakorerako imikate

противень

ibirisho

посуда

igikombe

кружка

ibakure

миска

uduti two kurisha

палочки для еды

icaruzo c' isupu

половник

ikimamiro

лопатка

agakubitisho

сбивалка

imashini isya ibifungurwa

сито

akayunguruzo

сито

agakatakata imfungugwa

тёрка

agasekuro

ступка

icokerezo

гриль

urucaniro

костёр

urubaho rwo gukatirako

доска

akabaho bakoresha spageti

скалка

urupfunguzo rw'umuvinyu

штопор

agasandugu

жестяная банка

urupfunguzo rw'agasandugu

консервный нож

ivyo gufatisha isafuriya ishushe

прихватка

icogerezo

раковина

uburoso

щетка

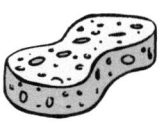

ivyogesho

губка

imigiseri

миксер

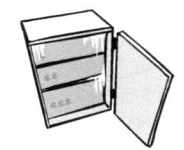

frigo nini ikanyisha cane

морозильная камера

bibero

бутылочка для кормления

ivomo

кран

ubwogero

ванная комната

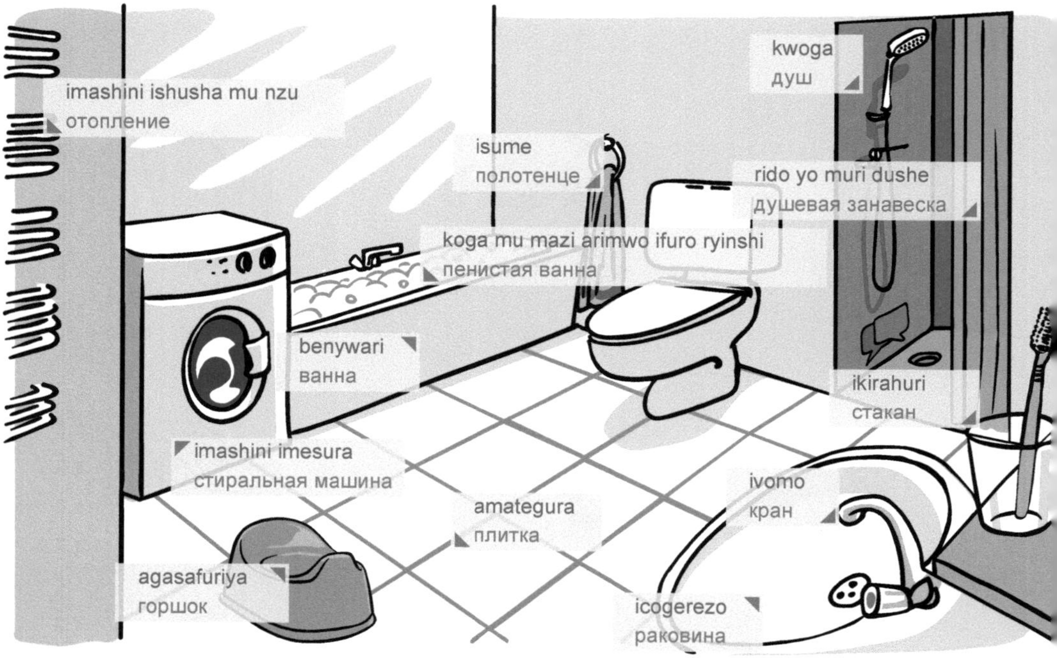

imashini ishusha mu nzu
отопление
isume
полотенце
kwoga
душ
rido yo muri dushe
душевая занавеска
koga mu mazi arimwo ifuro ryinshi
пенистая ванна
benywari
ванна
ikirahuri
стакан
imashini imesura
стиральная машина
ivomo
кран
amategura
плитка
agasafuriya
горшок
icogerezo
раковина

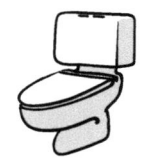

Akazu ka surwumwe

туалет

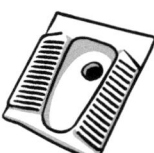

akazu ka surwumwe k'ikirundi

напольный унитаз

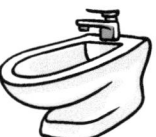

akantu gatoya bogeraho

биде

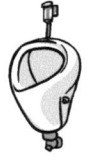

aho basoba

писсуар

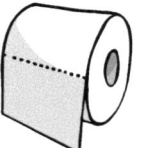

ibikaratase vyo kwi sukuza mu nzu ya surwumwe

туалетная бумага

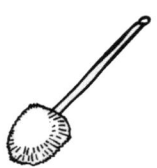

uburoso bwoza akazu ka surwumwe

ершик

umujigiti

зубная щетка

umuti wo koza amenyo

зубная паста

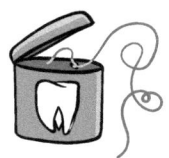

utugozi two gusukura
amenyo

зубная нить

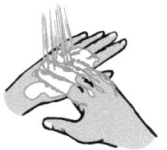

koza

мыть

ikinyuko

ручной душ

ubwoko bwa dushe

интимный душ

ico bakarabiramo intoki

таз

uburoso busukura mu
mugongo

щетка для спины

isabune

мыло

isabuni yo kwoga

гель для душа

shampo

шампунь

agatambara ko kwisukura

мочалка

umuringoti

сток

amavuta yo kwisiga

крем

iparufe yo mu kwaha

дезодорант

icirore

зеркало

icirore

ручное зеркало

imashini imwa ubwanwa

бритва

ifuro ryo kumwa ubwanwa

пена для бритья

umuti basiga aho bamoye

лосьон после бритья

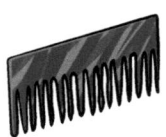

igisokozo

расческа

uburoso

щетка

akuma kumutsa umushatsi

фен

amavuta bapuriza mu mushatsi

лак для волос

ibikoresho vyo kwipodora

косметика

amavuta afise ibara yo k'umunywa

губная помада

verni y'inzara

лак для ногтей

ipampa

вата

umukasi uca inzara

маникюрные ножницы

iparufe

духи

agasaho k' ivyo kwisukura
ku rugendo

косметичка

agatebe

табуретка

umunzane

весы

penywari

халат

udufuko tw' intoke iyo
bakora isuku

резиновые перчатки

kotegisi

тампон

kotegisi

гигиеническая прокладка

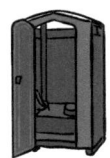

ubwoko bw'akazu ka
surwumwe

биотуалет

icumba c' umwana

детская комната

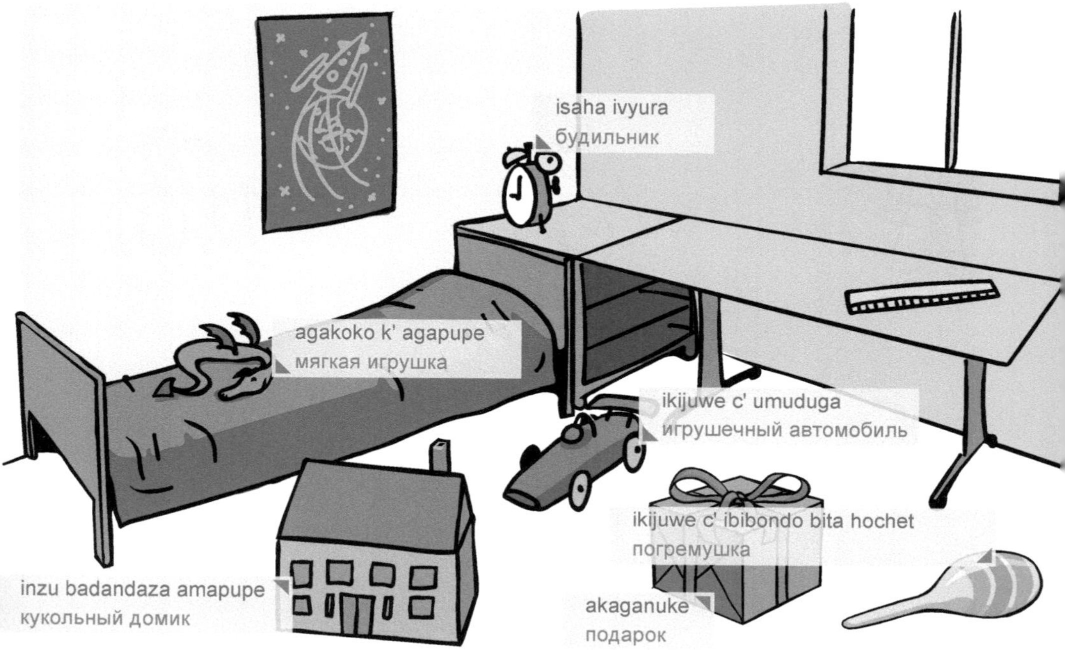

isaha ivyura
будильник
agakoko k' agapupe
мягкая игрушка
ikijuwe c' umuduga
игрушечный автомобиль
ikijuwe c' ibibondo bita hochet
погремушка
inzu badandaza amapupe
кукольный домик
akaganuke
подарок

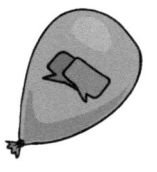

igipurizo

....

воздушный шар

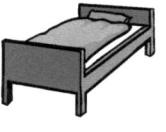

uburiri

....

кровать

....

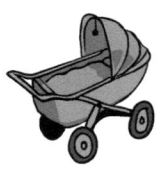

детская коляска

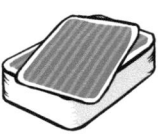

urukino rw' ikarata

....

карточная игра

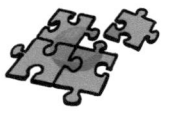

urukino bita puzile

....

пазл

SUPER
MEGA

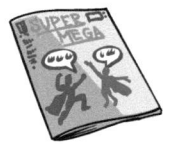

ibitabo vy' amashusho

....

комикс

urukino bita lego

кирпичики Лего

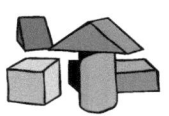

ibijuwe vyo kubaka

кубики

ipupe

игрушечная фигурка

impuzu yo kurarana y abana

ползунки

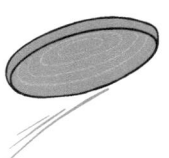

urukino bita frisbi

фрисби

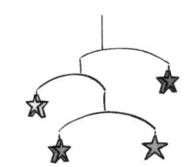

udukinisho two ku buriri bw' ibibondo

мобиле

urukino rwo kumeza

настольная игра

agakinisho bita de

кубик

gari ya moshi z' ibikinisho

модель железной дороги

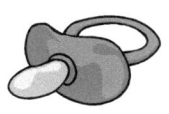

madanganya

соска

umunsi mukuru

вечеринка

igitabo c' ibicapo

книга с картинками

umupira

мяч

igipupe

кукла

gukina

играть

umusenyi abana
bakiniramwo

песочница

uruvuma

качели

ikijuwe

игрушка

urukino nyabwonko

игровая приставка

ikinga ry'amapine atatu

трёхколесный велосипед

igikoko bita ours c 'ikijuwe

плюшевый медвежонок

akabati k' impuzu

шкаф для одежды

impuzu

одежда

amashesheti

носки

amashesheti maremare

чулки

ubwoko bw'impuzu zifata
kandi zigaruka cane

колготки

furari
шарф

umwumvuri
зонтик

umusipi
ремень

agapira kadafise amabok
футболка

ibirato biduga kumurundi
сапоги

ibirato vyo mu nzu
тапки

ibirato vya tenis
кроссовки

isandari
сандалии

ibirato
ботинки

ingamiya
резиновые сапоги

imwesho
трусы

isutiye
бюстгальтер

isengeri
майка

impuzu z' imbere

боди

ipantaro

брюки

ijinisi

джинсы

ijipo

юбка

agashati koroshe kabagore

блузка

ishati

рубашка

umupira w' imbeho

свитер

umupira w'imbeho ufise inkofero

свитер

blazeri

спортивная куртка

ikoti

жакет

ikoti rirerire

пальто

ikoti y'imvura

плащ

kositime

костюм

ikanzu

платье

ikazu y'umugeni

свадебное платье

kositime

мужской костюм

ikanzu yo kurarana

ночная сорочка

impuzu z' ijoro

пижама

imvutano z'abahindi

сари

igitambara co mu mutwe

платок

igitambara co mu mutwe bita turban

тюрбан

impuzu z' abasiramukazi

паранджа

ikanzu bita kaftan

кафтан

impuzu y' abasiramu

абайя

impuzu yo kogana

купальник

impuzu yo kwogana y'abagabo

плавки

imwesho

шорты

itereningi

спортивный костюм

itaburiya

фартук

udufuko tw' intoke

перчатки

igifungo

пуговица

amarori

очки

igikomo

браслет

akadede

цепочка

impeta

кольцо

ihereni

серьга

inkofero

шапка

porutemanto

вешалка

inkofero

шляпа

karavate

галстук

imashini

застежка молния

inkofero yo kwikingira

шлем

imisipi

подтяжки

impuzu y' ishure

школьная форма

umwambaro rusangi
w'ahantu

форма

utwo bambika ibibondo iyo birya

детский нагрудник

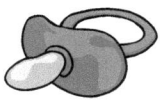

madanganya

соска

iranje

подгузник

ibiro
офис

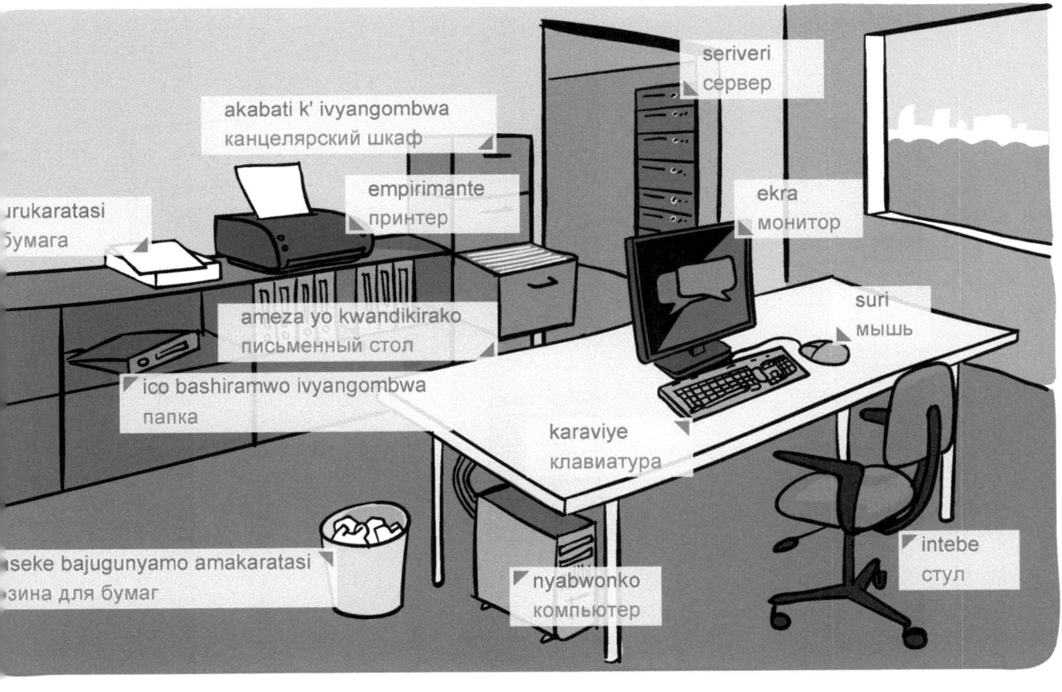

seriveri
сервер

akabati k' ivyangombwa
канцелярский шкаф

empirimante
принтер

ekra
монитор

urukaratasi
бумага

ameza yo kwandikirako
письменный стол

suri
мышь

ico bashiramwo ivyangombwa
папка

karaviye
клавиатура

seke bajugunyamo amakaratasi
зина для бумаг

nyabwonko
компьютер

intebe
стул

igikombe c' ikawa

кофейная кружка

imashini iharura

калькулятор

ubuhinga ngurukanabumenyi
интернет

inyabwonko ngendanwa

ноутбук

ikete

письмо

ubutumwa

сообщение

telefoni ngendanwa

мобильный телефон

rezo

сеть

fotokopiyeze

ксерокс

rojisiyeri

программа

telefoni

телефон

purize

розетка

fagisi

факс

urukaratasi rwo kuzuza

формуляр

icangombwa

документ

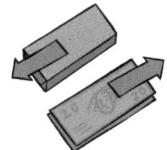

kugura
покупать

kuriha
платить

kudandaza
торговать

amahera
деньги

idorari
доллар

iyero
евро

iyene
иена

amahera y' abarusiya
рубль

amahera y' abasuwisi
франк

amahera bita renmimbi yuan
жэньминьби юань

amahera bita rupi
рупия

icuma gitanga amahera
банкомат

ku bavunjayi

пункт обмена валюты

inzahabu

золото

umujumbu

серебро

ipeteroli

нефть

inguvu

энергия

ikiguzi

цена

amasezerano

договор

amakori

налог

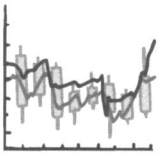

igice

акция

gukora

работать

umukozi

служащий

umukoresha

работодатель

ihinguriro

фабрика

akaduka

магазин

imirimo

профессии

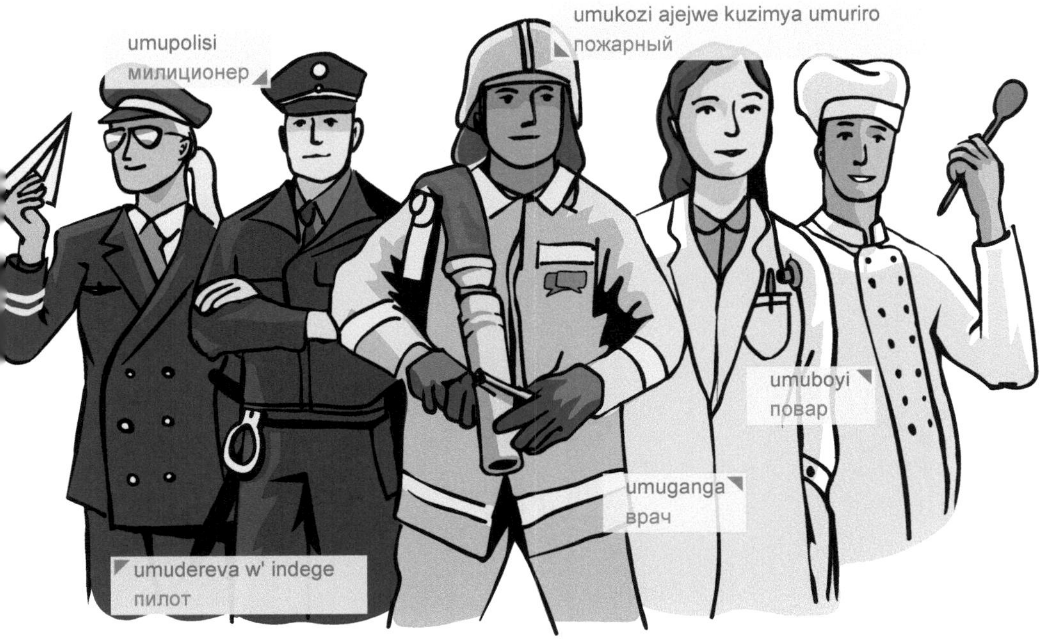

umukozi ajejwe kuzimya umuriro
пожарный
umupolisi
милиционер
umuboyi
повар
umuganga
врач
umudereva w' indege
пилот

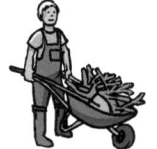

umukozi akora murikarima

садовник

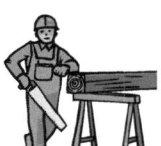

umubaji

столяр

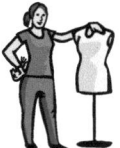

umushonyi

швея

umucamanza

судья

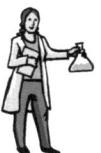

umuhinga mu vya chimie

химик

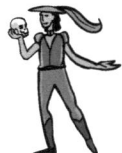

umukinyi w'amareresi

актёр

umudereva w' ibisi

водитель автобуса

umudereva w' itagisi

таксист

umurovyi

рыбак

umuzezwanzukazi

уборщица

sharupantiye

кровельщик

umukozi wo muburiro n'ubunywero

официант

umuhigi

охотник

umufundi w' amarangi

художник

umuntu akora imikate

пекарь

umufundi w' amatara

электрик

umwubatsi

строитель

enjeniyeri

инженер

umuyangayanga

мясник

umufundi w' amazi

сантехник

umuparanto

почтальон

umusoda

солдат

umuntu acapa inyubako

архитектор

umuntu yakira amahera

кассир

mukozi ajejwe amashugwe

флорист

kimyozi

парикмахер

kontororeri

кондуктор

umufundi w' imiduga

механик

umudereva w' ubwato

капитан

umuganga w' amenyo

зубной врач

umuhinga mu vya siyansi

ученый

umuhinga mu bayahudi bita
rabi

раввин

imame

имам

umuvugiramana

монах

umuvugiramana

священник

ibikoresho vy' ubwubatsi

инструменты

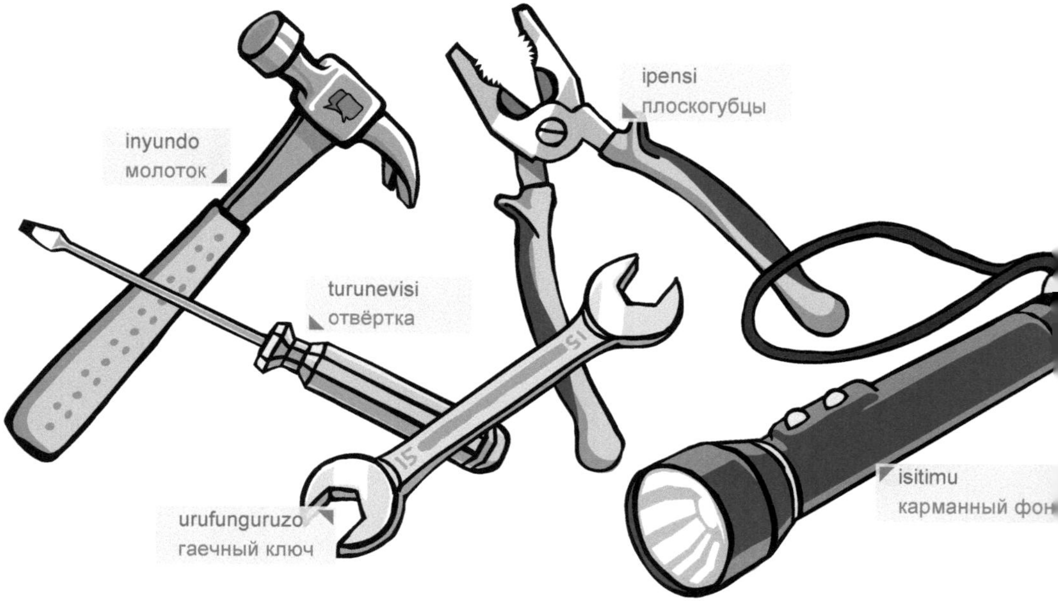
ipensi
плоскогубцы
inyundo
молоток
turunevisi
отвёртка
isitimu
карманный фон
urufunguruzo
гаечный ключ

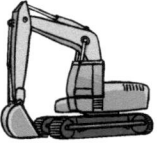

tingatinga

экскаватор

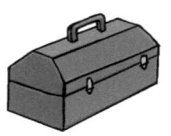

isaho y' ibikoresho

ящик для инструментов

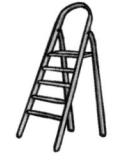

ingazi

стремянка

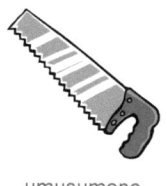

umusumeno

пила

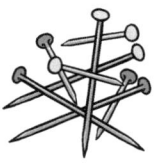

imisumari

гвозди

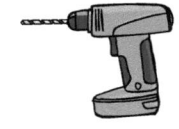

icuma bita foreuse

дрель

gukora

ремонтировать

igipawa

лопата

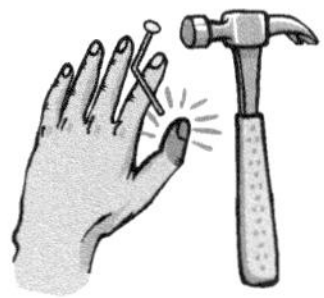

asyi!

Блин!

agaterura umucafu

совок

indobo y' irangi

ведро с краской

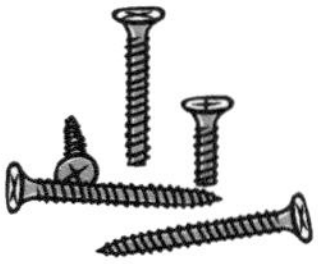

ivis

винты

ivyuma vyo gucuraranga

музыкальные инструменты

icuma bita Haut parleur
громкоговоритель

icuma ca musika bita batterie
ударный инструмент

igitari
гитара

icuma ca musika bita contrebasse
контрабас

icuma ca musika bita trompette
труба

icuma ca musika bita piano

пианино

icuma ca musika bita violon

скрипка

gitare icuranga Bass

бас-гитара

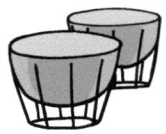

icuma ca musika bita timbale

литавры

ingoma

барабан

icuma ca musika bita piano electrique

синтезатор

icuma ca musika bita saxophone

саксофон

umwirongi

флейта

mikoro

микрофон

iratiro ry' ibikoko

зоопарк

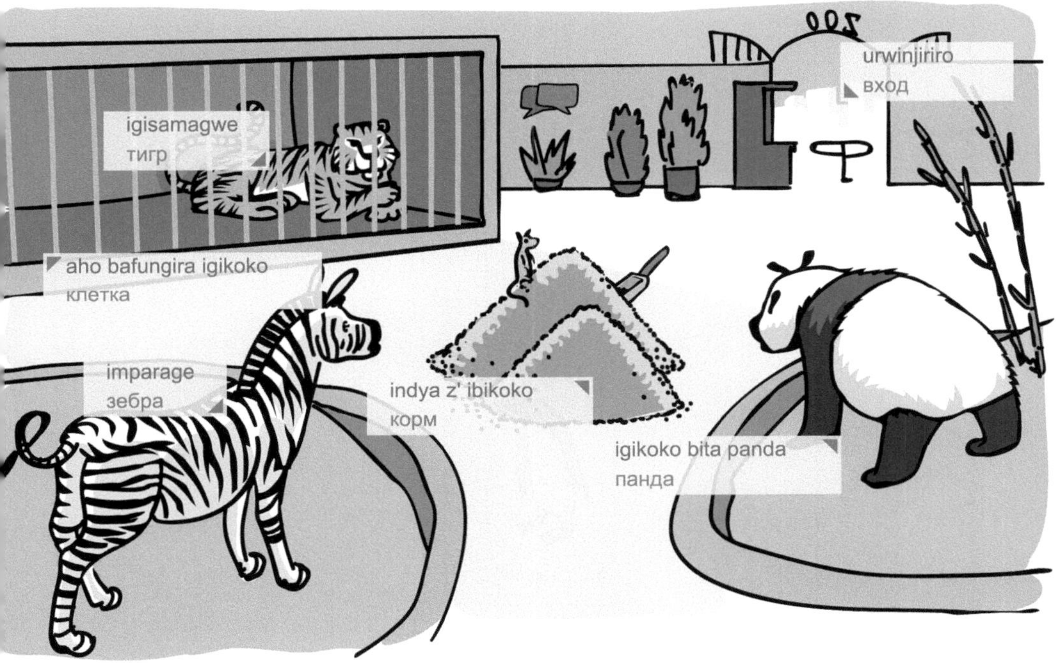

urwinjiriro
вход
igisamagwe
тигр
aho bafungira igikoko
клетка
imparage
зебра
indya z' ibikoko
корм
igikoko bita panda
панда

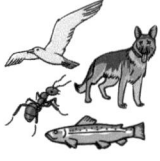

ibikoko

животные

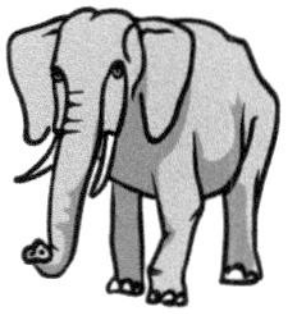

inzovu

слон

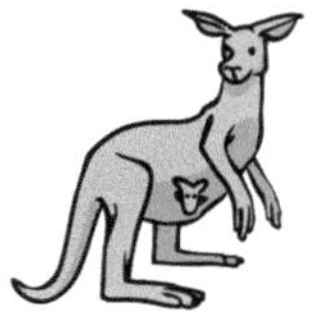

Kanguru

кенгуру

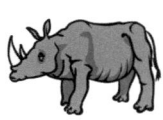

igikoko bita Rhynoceros

носорог

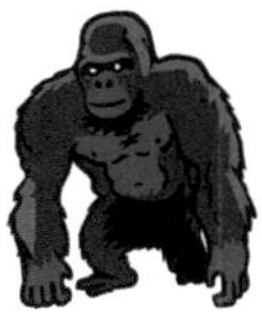

inguge

горилла

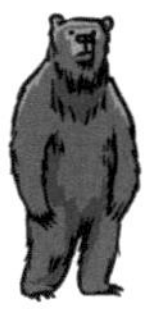

igikoko bita ours

медведь

ingamiya

верблюд

inyoni bita autriche

страус

intare

лев

inkende

обезьяна

inyoni bita flamant rose

фламинго

gasuku

попугай

igikoko bita ours blanc

белый медведь

inyoni bita pinguin

пингвин

ifi bita requin

акула

inyoni bita paon

павлин

inzoka

змея

ingona

крокодил

umurinzi w' iratiro ry' ibikoko

служитель зоопарка

igikoko bita phoque

тюлень

igikoko bita jaguar

ягуар

bwoko bw' ifarasi bita pony

пони

ingwe

леопард

imvubu

бегемот

umusumbarembo

жираф

agaca

орёл

ingurube y' ishamba

кабан

ifi

рыба

akanyamasyo

черепаха

igikoko bita morse

морж

imbwebwe

лиса

ingeregere

газель

urukino rwa football yo muri amerika
американский футбол

ugusiganwa ku makinga
езда на велосипеде

urukino rwa tennis
теннис

urukino rwa basketball
баскетбол

koga
плавание

urukino rw' ingumu
бокс

urukino rwa ice-hockey
хоккей

umupira w'amaguru
футбол

urukino rwa badminton
бадминтон

ubunonotsi
лёгкая атлетика

urukino rwa handball
гандбол

urukino rwa ski
лыжный спорт

urukino rwa Polo
поло

gutwenga
смеяться

gusimba
прыгать

kugumbirana
обнимать

kugenda
идти

kuririmba
петь

kurota
мечтать

gusenga
молиться

gusoma
целовать

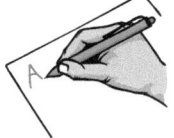

kwandika

писать

gucapa

рисовать

kwereka

показывать

gusuguma

нажимать

gutanga

давать

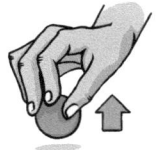

gutora

брать

kugira

иметь

kugira

делать

kuba

быть

guhagarara

стоять

kwiruka

бежать

gukwega

тянуть

guta

бросать

gutemba

падать

kurambarara hasi

лежать

kurindira

ждать

gutwara

носить

kwicara

сидеть

kwambara

надевать

kuryama

спать

kuvyuka

просыпаться

kuraba

рассматривать

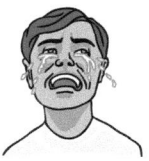

kurira

плакать

kwagaza

гладить

gusokoza

причесывать

kuvuga

говорить

gutahura

понимать

kubaza

спрашивать

kumviriza

слушать

kunywa

пить

gufungura

кушать

gutondeka

наводить порядок

gukunda

любить

guteka

готовить

gutwara

ехать

kuguruka

летать

kugira siporo bita voile

ходить под парусом

guharura

считать

gusoma

читать

kwiga

учиться

gukora

работать

kurongora

вступать в брак

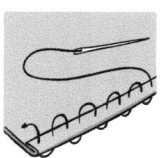

gushona

шить

kwijigitura

чистить зубы

kwica

убивать

kunywa itabi

курить

kurungika

отправлять

umuryango

семья

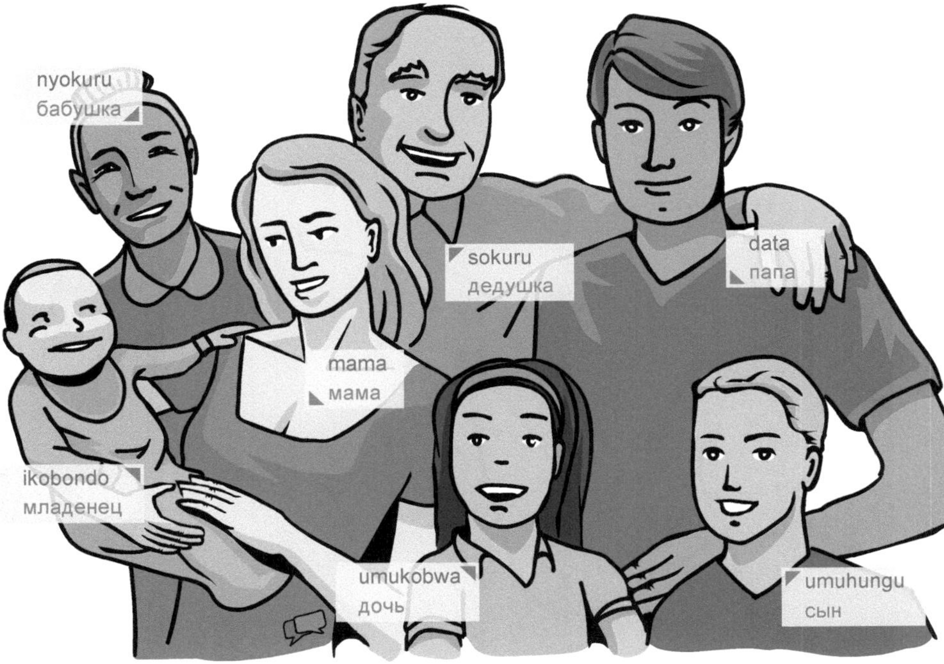

nyokuru
бабушка
sokuru
дедушка
data
папа
mama
мама
ikobondo
младенец
umukobwa
дочь
umuhungu
сын

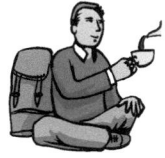

umushitsi
гость

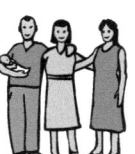

masenge
тетя

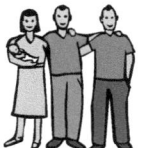

marume
дядя

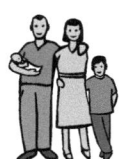

musaza w' umuntu
брат

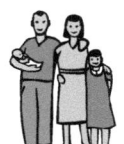

mushiki w' umuntu
сестра

umubiri

тело

agahanga
лоб
ijisho
глаз
urutugu
плечо
urutoki
палец
isura
лицо
agasakanwa
подбородок
ikiganza
кисть
agatuntu
грудь
ukuguru
нога
ukuboko
рука

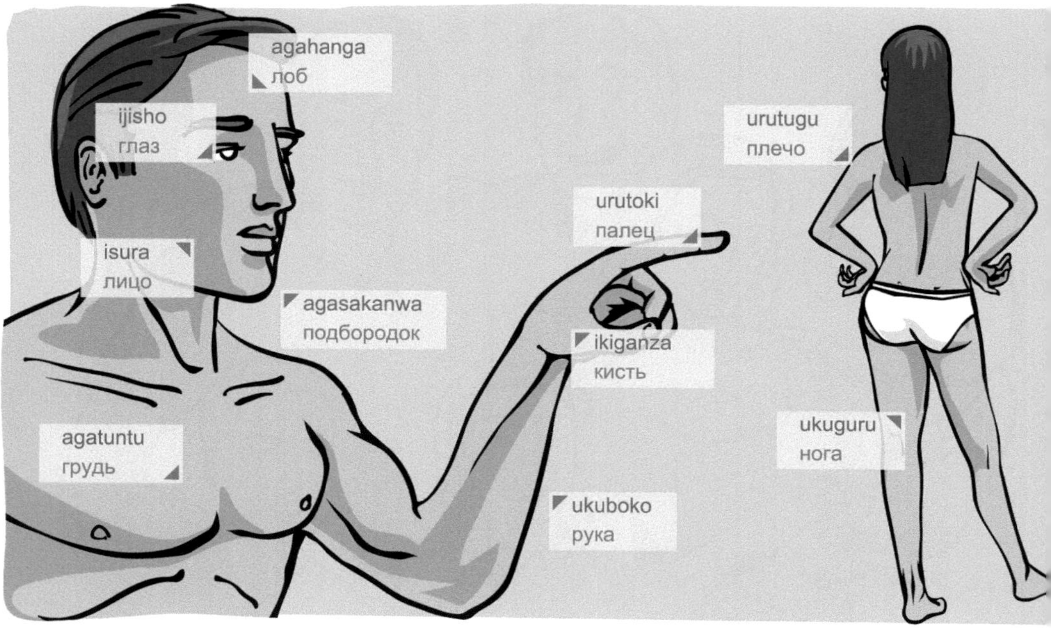

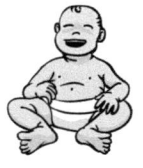

ikobondo

младенец

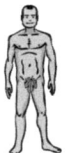

umugabo

мужчина

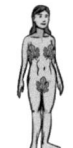

umugore

женщина

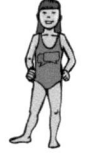

umwigeme

девочка

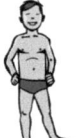

umuhungu

мальчик

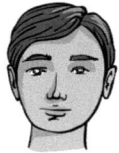

umutwe

голова

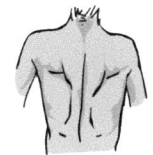

umugongo

спина

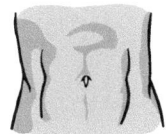

inda

живот

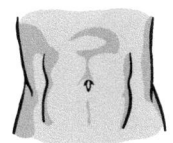

umukondo

пупок

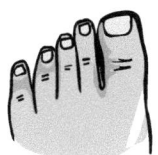

ino

палец ноги

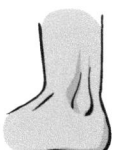

agatsintsiri

пятка

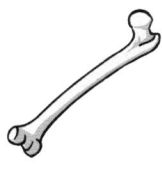

igufa

кость

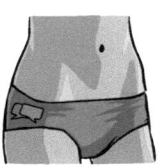

ku mafyigo

бедро

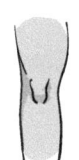

ivi

колено

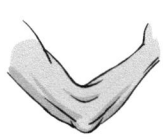

inkokora

локоть

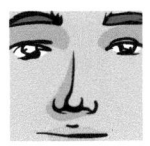

izuru

нос

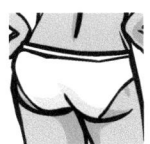

igisusu

ягодицы

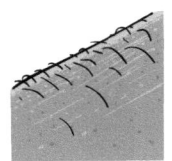

urukoba

кожа

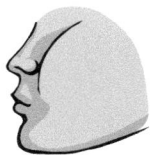

itama

щека

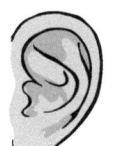

ugutwi

ухо

umunwa

губа

umunwa

рот

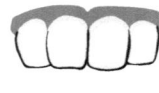

iryinyo

зуб

ururimi

язык

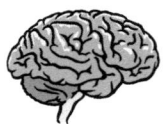

ubwonko

мозг

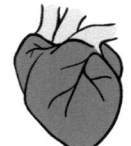

umutima

сердце

umutsi

мышца

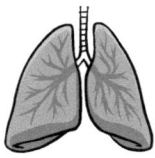

ihaha

лёгкое

igitigu

печень

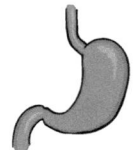

umushishito

желудок

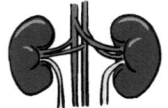

amafyigo

почки

kurangura amabanga
y'abubatse

половой акт

agapfuko

презерватив

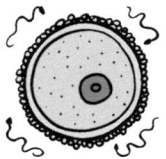

imbuto y' umugore

яйцеклетка

imbuto y'umugabo

сперма

imbanyi

беременность

umubiri - тело

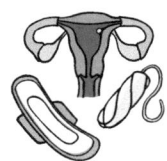

kuja mu kwezi

менструация

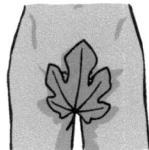

igituba

вагина

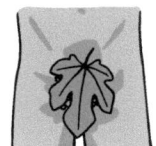

imboro

пенис

ingohe

бровь

umushatsi

волосы

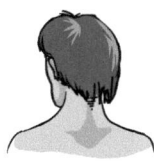

izosi

шея

ibitaro
больница

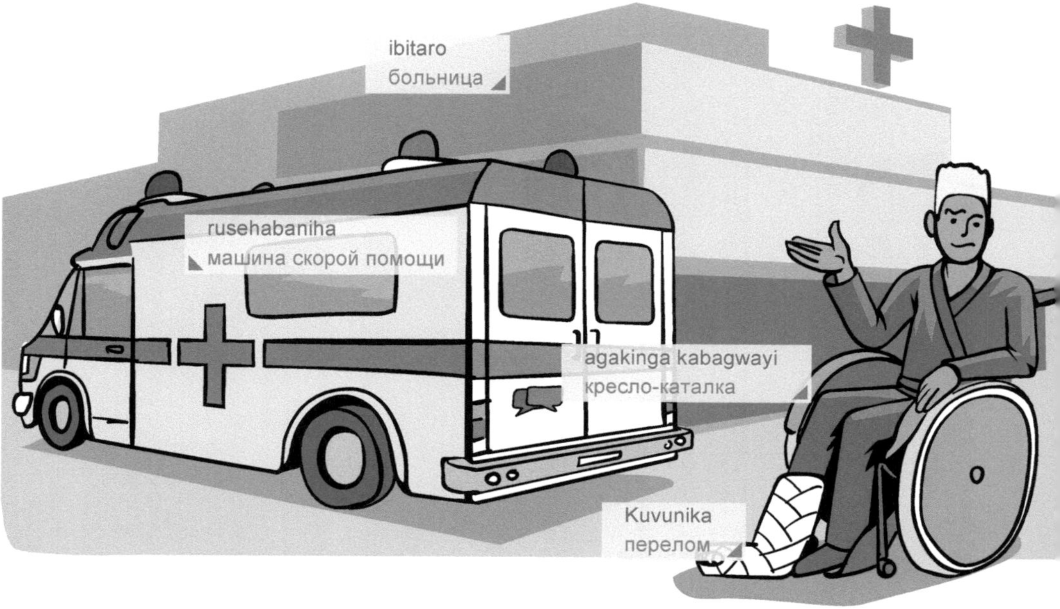

ibitaro
больница
rusehabaniha
машина скорой помощи
agakinga kabagwayi
кресло-каталка
Kuvunika
перелом

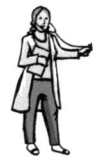

umuganga

врач

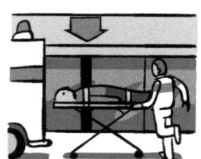

mundembe

пункт первой помощи

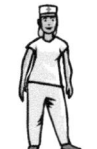

umuforomokazi

медсестра

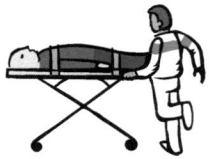

irijanse

неотложный случай

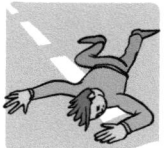

guta ubwenge

без сознания

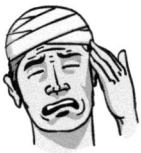

ububabare

боль

igikomere

повреждение

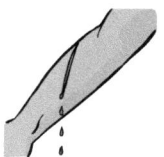

kuva amaraso

кровотечение

uguhagarara k' umutima

инфаркт

kuvira indani

инсульт

guhurirwa

аллергия

inkorora

кашель

ubushuhe bw'umubiri

повышенная температура

giripe

грипп

gucibwamwo

понос

kumeneka umutwe

головная боль

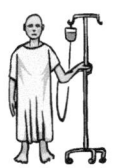

Kanseri

рак

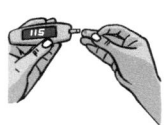

Diyabeti

диабет

muganga ajejwe kubaga

хирург

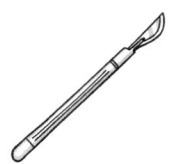

akuma ka muganga ubaga

скальпель

kubagwa

операция

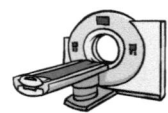

sikaneri

КТ

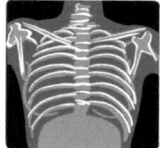

radiyogarafi

рентген

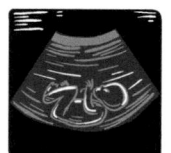

ekogarafi

ультразвук

masike

маска

indwara

болезнь

aho kurindirira

приёмная

icishimikizo

костыль

gufuka igikomere

пластырь

gufuka igikomere

бинт

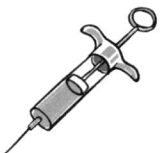

gutera urushinge

укол

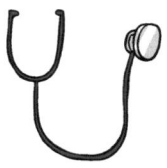

icuma cumviriza amahaha
n'umutima

стетоскоп

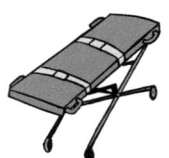

ingovyi

носилки

igipima umuriro w' umubiri

термометр

kuvuka

рождение

umuvyibuho urengeje

избыточный вес

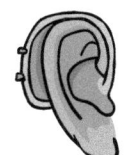

igifasha umuntu kumva neza

слуховой аппарат

imiti y' ibikomere

дезинфекционное средство

kwandura

инфекция

umugera

вирус

umugera wa sida

ВИЧ / СПИД

ubuvuzi

лекарство

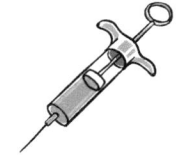

guhabwa urucanco

прививка

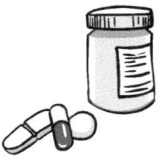

ibinini

таблетки

ikinini mbonezamvyaro

противозачаточная таблетка

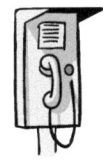

telefone itabaza

экстренный вызов

igipima umuvuduko w' amaraso

прибор для измерения кровяного давления

arwaye / akomeye

больной / здоровый

muntabare!

Помогите!

ikengere

сигнал тревоги

igitero

нападение

igitero

атака

ibihe bikomeye

опасность

icanzo

запасной выход

umuriro!

Пожар!

ikizimyamwoto

огнетушитель

isanganya

несчастный случай

isanduku y' ubutabazi

аптечка

ubutabazi

SOS

igipolisi

милиция

Buraya

Европа

Uburaruko bw' amerika

Северная Америка

Ubumanuko bw' amerika

Южная Америка

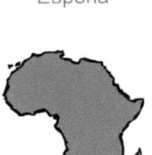

Afurika

Африка

Aziya

Азия

Ositarariya

Австралия

ibahari y' Antalantika

Атлантический океан

ibahari ya Pasifika

Тихий океан

ibahari y' Ubuhinde

Индийский океан

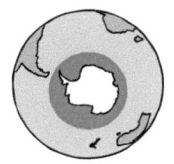

ibahari y' Antaragitika

Антарктический океан

ibahari y' Aragitika

Северный Ледовитый океан

Uburaruko bw' umubumbe w' isi

Северный полюс

Ubumanuko bw' umubumbe
w' isi

Южный полюс

antaragitika

Антарктика

isi

земля

isi

суша

ibahari

море

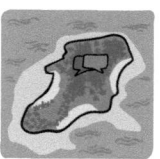

izinga

остров

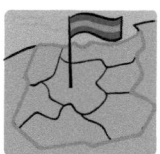

igihugu

нация

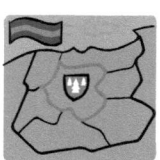

reta

государство

aho barabira isaha

циферблат

urushinge rw' amasaha

часовая стрелка

urushinge rw' iminota

минутная стрелка

urushinge rw' amasegonda

секундная стрелка

ni gihe ki?

Который час?

umunsi

день

igihe

время

ubu nyene

сейчас

isaha ya electronique

электронные часы

umunota

минута

isaha

час

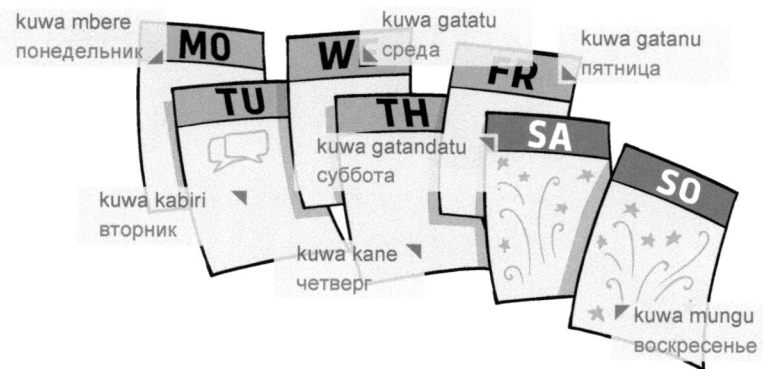

kuwa mbere
понедельник

kuwa gatatu
среда

kuwa gatanu
пятница

kuwa kabiri
вторник

kuwa gatandatu
суббота

kuwa kane
четверг

kuwa mungu
воскресенье

ejo haheze

вчера

ubunyene

сегодня

ejo hazoza

завтра

mu gatondo

утро

sasita

полдень

ku mugoroba

вечер

iminsi y' ibikorwa

рабочие дни

weekende

выходные

umwaka

год

umunywamazi
радуга
imvura
дождь
urubura
снег
umuyaga
ветер
igihe c' umwaka bita printemps
весна
igihe c' umwaka bita Automne
осень
ici
лето
igihe c' umwaka bita hiver
зима

4.APRIL 11°
5.APRIL 4°
6.APRIL 13°
7.APRIL 8°
8.APRIL 10°

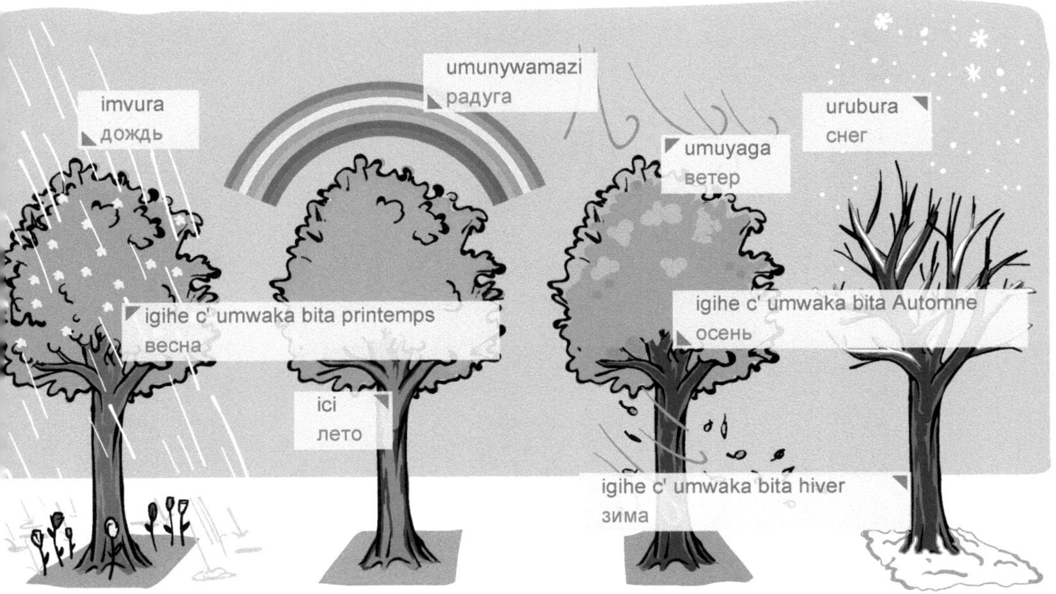

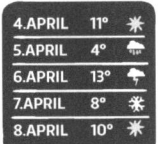

ikirangabihe

прогноз погоды

F
C
120
90
60
30
0
-30
40
30
20
10
0
-10
-20

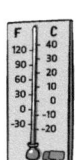

igipima ubushuhe bw' umubiri

термометр

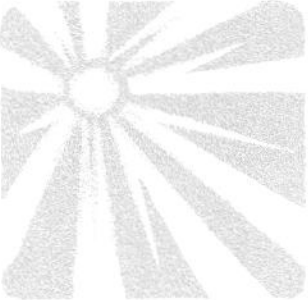

ubuseruko bw' izuba

солнечный свет

igicu

туча

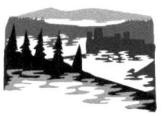

igipfungu

туман

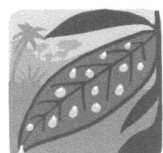

ifira

влажность воздуха

umuravyo

молния

inkuba

гром

igihuhusi

буря

urubura

град

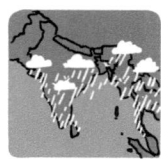

igihuhusi bita mousson

муссон

umwuzure

наводнение

ibarafu

лёд

nzero

январь

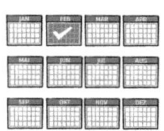

ruhuhuma

февраль

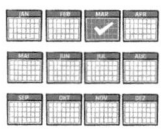

ntwarante

март

ndamukiza

апрель

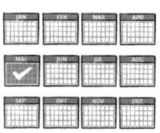

rusama

май

ruhenshi

июнь

mukakaro

июль

myandagaro

август

nyakanga
....
сентябрь

gitugutu
....
октябрь

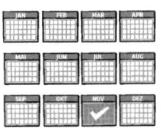

munyonyo
....
ноябрь

migarama
....
декабрь

forume geometrike

формы

umuzingi
....
круг

ikwadarato
....
квадрат

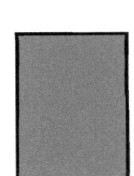

urikiramende
....
прямоугольник

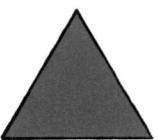

inyabutatu
....
треугольник

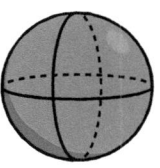

umubumbe
....
шар

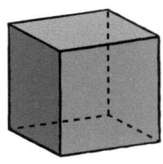

agasandugu
....
куб

ibara ryera

белый

ibara ry' umuhondo

желтый

ibara risa n' umucungwe

оранжевый

ibara rya rose

розовый

ibara ritukura

красный

ibara rya mauve

лиловый

ibara ry' ubururu

синий

ibara ry'icatsi kibisi

зелёный

ibara ry' igihogo

коричневый

ibara rya gris

серый

ibara ryirabura

черный

vyinshi / bikeyi

много / мало

washavuye / utekereje

яростный / мирный

mwiza / mubi

красивый / уродливый

intanguriro / iherezo

начало / конец

kinini / gitoyi

большой / маленький

gikeye / cijimye

светлый / темный

nusaza w' umuntu / mushiki w' umuntu

брат / сестра

gisukuye / gicafuye

чистый / грязный

gikwiye / gicagatiye

полный / неполный

umunsi / ijoro

день / ночь

wapfuye / ariho

мёртвый / живой

cagutse / caga

широкий / узкий

kiryoshe / kibishe

съедобный / несъедобный

umutima mubi / umutima mwiza

злой / дружелюбный

anezerewe / arambiwe

взволнованный / скучающий

kivyibushe / conze

толстый / худой

cambere / canyuma

сначала / в конце

umugenzi / umwansi

друг / враг

cuzuye / kiri gusa

полный / пустой

kigumye / coroshe

твёрдый / мягкий

kiremereye / gihwahutse

тяжёлый / легкий

inzara / inyota

голод / жажда

arwaye / akomeye

больной / здоровый

cemewe n'amategeko / kitemewe n'amategeko

незаконный / законный

incabwenge / ikijuju

умный / глупый

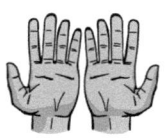

ibubamfu / iburyo

слева / справа

hafi / kure

близко / далеко

gishasha / gishaje

новый / подержанный

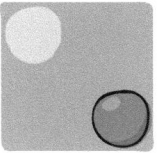

ntaco / kiriho

ничто / нечто

umutama / urwaruka

старый / молодой

kwatsa / kuzimya

включено / выключено

kugurura / kugara

открыто / закрыто

gitekereje / gifise urwamo

тихо / громко

umutunzi / umukene

богатый / бедный

nivyo / sivyo

правильный /
неправильный

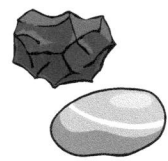

kigoramye / kigororotse

шероховатый / гладкий

ashavuye / anezerewe

печальный / счастливый

kigufi / kirekire

короткий / длинный

**kigenda bukebuke /
kinyaruka**

медленный / быстрый

gitose / cumye

мокрый / сухой

**gishushe buhoro / gikanye
buhoro**

тёплый / прохладный

intambara / amahoro

война / мир

0

ubusa

ноль

1

rimwe

один

2

kabiri

два

3

gatatu

три

4

kane

четыре

5

gatanu

пять

6

gatandatu

шесть

7

indwi

семь

8

umunani

восемь

9

icenda

девять

10

cumi

десять

11

cumi na rimwe

одиннадцать

12

cumi na kabiri

двенадцать

13

cumi na gatatu

тринадцать

14

cumi na kane

четырнадцать

15

cumi na gatanu

пятнадцать

16

cumi na gatandatu

шестнадцать

17

cumi n' indwi

семнадцать

18

cumi n' umunani

восемнадцать

19

cumi n' icenda

девятнадцать

20

mirongo ibiri

двадцать

100

ijana

сто

1.000

igihumbi

тысяча

1.000.000

umuriyoni

миллион

Icongereza

английский

Icongereza co muri Amerika

американский английский

Mandare kivugwa mu bushinwa

мандаринский китайский

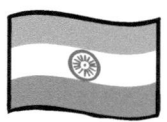

Igihinde

хинди

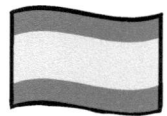

Ikispaniya

испанский

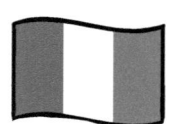

Igifaransa

французский

Icarabu

арабский

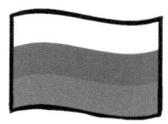

Ikirusiya

русский

Igiporitigare

португальский

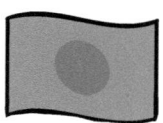

Ikibengare

бенгальский

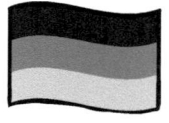

Ikidage

немецкий

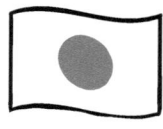

Ikiyapani

японский

jewe

я

wewe

ты

we / we / co

он / она / оно

twebwe

мы

mwebwe

вы

bo

они

inde?

кто?

iki?

что?

gute?

как?

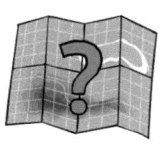

hehe?

где?

ryari?

когда?

izina

имя

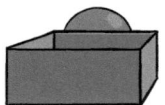

inyuma ya

за

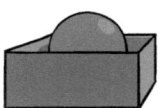

indani ya

в

imbere ya

перед

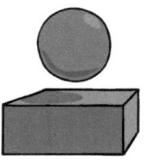

hejuru ya

над

ku

на

munsi ya

под

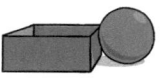

mu mbavu ya

рядом

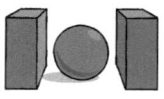

hagati ya

между

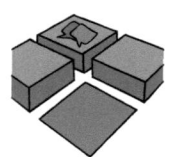

ikibanza

место